LE MONASTÈRE

DE

NOTRE-DAME DE BETHLÉEM[1]

(RELIGIEUSES DOMINICAINES)

A VIC

PAR M. L'ABBÉ G. PIERSON.

Peu de villes de notre pays offrent dans leur histoire, au point de vue religieux et monastique, un passé aussi fécond en souvenirs que la ville de Vic. La présence des évêques de Metz, qui avaient établi là le siége de leur pouvoir temporel, devait nécessairement y favoriser la création d'établissements conventuels. Aussi presque toutes les constructions importantes de cette ville se rattachent-elles à une origine historique qui a son intérêt particulier. Au nombre de ces bâtiments se trouve l'ancien monastère des Dominicaines, un des mieux con-

1. La plupart des documents dont se compose cette notice, sont tirés de manuscrits particuliers qui n'ont aucun classement officiel.

servés, et dont nous voudrions entreprendre de résumer l'histoire.

A l'époque de sa fondation, quatre maisons religieuses existaient à Vic : le prieuré de Saint-Christophe, fondé probablement en 1120; la collégiale de Saint-Etienne, établie par Jacques de Lorraine, vers 1240; le couvent des Cordeliers, qui avaient occupé, vers l'an 1420, l'emplacement de celui des Béguines, et enfin les Pères Capucins, qui venaient de s'établir en 1613.

Deux couvents devaient encore y être fondés avant la révolution de 1793 : celui des religieuses de la Congrégation du R. P. Fourier, en 1634, et celui des Carmes, en 1675 ; ce qui porterait à six le nombre des couvents érigés dans cette localité, seulement pendant le XVIIe siècle.

A cette époque (1618), l'abbaye de Salival possédait à Vic une petite maison acensée pour quatre-vingts ans, et dont avait alors la jouissance un bourgeois nommé Nicolas George. Cette maison avait son oratoire, renfermant une statue de la Sainte-Vierge, à laquelle la tradition attribuait une origine miraculeuse[1]. Chaque dimanche, un certain nombre de personnes pieuses s'y réunissaient pour se recueillir, prier et chanter les louanges de Dieu. La petite chapelle, en raison de sa pauvreté, était appelée « Notre-Dame de Bethléem ». C'est à ce modeste sanctuaire que devait succéder le monastère des Dominicaines de Vic.

—

L'an 1617, une jeune fille d'origine noble, Anne

1. Cette statue existe encore aujourd'hui. La structure en est remarquable, mais il est difficile de préciser la matière dont elle est composée.

Bleyer de Bariscord[1], fille du peintre lorrain Jean Bleyer de Bariscord, habitait Nancy. Elevée par des parents chrétiens, elle donnait son temps libre à des lectures pieuses ; aussi se résolut-elle à quitter le monde pour se consacrer à Dieu. Des circonstances que nous ignorons l'obligèrent à se retirèrent à Anvers, où elle eut tout loisir de mûrir son pieux dessein. Anvers possédait un couvent de Carmélites, où elle eût été admise si elle eût fourni une dot suffisante. Mais la sœur Barthélemy, supérieure, l'adjoignit à trois religieuses qu'elle envoyait à Nancy pour y fonder un nouveau couvent[2]. Ces quatre filles arrivèrent à destination le 6 juillet 1618. Là, comme à Anvers, on lui demanda une dot, que ses parents ne lui pouvaient fournir.

Notre postulante se réfugia dès lors chez une de ses cousines, née à Vic et mariée à Nancy. Cette parente, touchée de sa position si précaire et du chagrin qu'elle éprouvait, lui inspira l'idée de fonder à Vic un nouveau

1. L'orthographe de ce mot, tel que nous l'indiquons, pourrait être contestée. Nous ne le mentionnons que sous réserve, car, dans les manuscrits, il est écrit avec plusieurs modifications : « Barisco, Bariscort, Bariscord, Bariscourt ». M. Henri Lepage a publié, au mois de février 1858, dans le *Journal de la Société d'Archéologie lorraine*, un mémoire intitulé : « Jean Bleyer de Bariscord, peintre lorrain ». Les documents en sont tirés des archives de l'hospice Saint-Julien de Nancy. Parmi les faits qui sont relatés dans ce travail, se trouve celui-ci : « Jean Bariscord eut encore un autre fils qui fut avocat au siége de Nancy, et une fille, nommée Anne, à qui l'hôpital Saint-Julien donna, en 1618, une aumône de 30 francs pour l'aider à entrer en religion ».

2. Cette année même fut, en effet, fondé le premier couvent des Carmélites de Nancy, dit des *Grandes Carmélites*. Il ne faut pas le confondre avec le second couvent, qui ne le fut qu'en 1636, et désigné sous le vocable de les *Petites Carmélites*.

couvent dans la petite maison de Notre-Dame de Bethléem, lui faisant espérer qu'elle obtiendrait facilement quelque concession par l'intermédiaire de Mme de Marcheville, dont le mari était alors bailli de l'évêché de Metz. Anne de Bariscord avait trouvé, pour s'associer à son projet, une jeune fille, Catherine Favier[1], et toutes deux s'en furent trouver Mme de Marcheville pour lui exposer leurs vues.

Cette dame les reçut avec bonté, leur promit aide et protection, leur fit espérer l'assentiment de Mgr Nicolas Coëffeteau, évêque de Dardanie *in partibus*, coadjuteur de Metz[2], résidant alors au château de Vic, et les assura de la protection des administrateurs de la ville.

1. Sur certains manuscrits, elle est dite née à Nancy, et sur d'autres, à Château-Salins.

2. Le diocèse de Metz possédait alors un administrateur distingué en la personne de Mgr. Coëffeteau, qui devint plus tard évêque de Marseille et conseiller du roi. Il était né à Saint-Calais, dans le Maine, était entré chez les Dominicains en 1588, et s'était élevé par son mérite aux premières charges de son ordre. Un chapitre tenu à Rome, en 1608, le nomma définiteur général de France. Il fut choisi par Henri IV pour répondre au livre du roi de la Grande-Bretagne. Il était un controversiste distingué, si l'on en juge par la suite de ses ouvrages. Après avoir été prédicateur de la reine Marguerite de Valois, il fut de nouveau choisi par Grégoire XV pour répondre au livre de Duplessis-Mornai sur l'Eucharistie et à celui de Marc-Antoine de Dominis. A ce dernier sujet il écrivit un ouvrage intitulée : « *Pro sacrâ monarchiâ ecclesiæ catholicæ, etc., libri quatuor* » *apologetici* », 2 vol. in-fol. Paris 1623. Dans tous ses ouvrages, la controverse est traitée avec dignité, noblesse, et non avec l'emportement reproché à quelques théologiens de son temps. Il a publié également : une « Histoire romaine depuis Auguste jusqu'à Constantin », une traduction de Florus, et plusieurs livres de piété : « La » Marguerite chrétienne, — la Montagne sainte de la tribulation », « etc. Mgr. Coëffetean portait pour devise : *Honora patrem tuum* » *et matrem tuam, ut sis longævus super terram* ». (Voir les dictionnaires historiques et biographiques.)

Ces promesses ne furent pas vaines, car, quelques jours après, nos deux jeunes filles s'étant présentées pour visiter la petite maison de George, ce dernier, ignorant le motif de la visite, se plut à énumérer les consolations que lui donnait son oratoire, le zèle qu'il mettait à l'orner et à le faire honorer, les miracles qui s'y étaient opérés et toutes les faveurs accordées par la Sainte-Vierge dans cette modeste chapelle.

Jusque-là les postulantes n'avaient pas osé déclarer à George le motif de leur démarche ; mais, rassurées par la manifestation d'une foi si franche, elles n'hésitèrent plus. Anne lui demanda si, dans sa dévotion à la Sainte-Vierge, il n'aimerait pas de voir s'accroître son culte dans ce petit sanctuaire, en le cédant à quelques bonnes servantes de Dieu qui l'embelliraient et y prieraient jour et nuit. Un éclair de bonheur brilla dans les yeux de George : « C'est, dit-il, ce que j'ai toujours désiré et ce pourquoi j'ai tant prié ». Il ajouta que jamais il n'avait songé à vendre ses droits à la jouissance de sa maison, mais que, pour un tel motif, il les céderait, ainsi que le calice et les ornements qu'il avait achetés pour y faire célébrer la sainte messe. Immédiatement l'acte de cette donation fut dressé par devant notaire, au domicile d'Alphonse de Ramberviller, lieutenant général au bailliage de l'évêché de Metz[1].

1. Alphonse de Ramberviller était seigneur de Vaucourt en partie, docteur en droit civil et en droit canon, lieutenant général au bailliage de l'évêché de Metz, conseiller au Conseil privé. Il a composé plusieurs ouvrages : *les Dévots élancements du poëte chrétien*, — une *Histoire de saint Livier*, — une *Relation de la mort et des funérailles de Philippe-Emmanuel de Lorraine, duc de Mercœur*. Il mourut le 13 juillet 1623. (Voir D. Calmet, *Bibliothèque lorraine*, article Remberviller (Alphonse de).

La femme de George, alors absente, ne voulut pas, à son retour, acquiescer à la générosité de son mari ; elle exigea une compensation de douze cents livres, qui lui fut accordée sans difficulté.

Quelques autres jeunes filles s'étaient jointes à Jeanne et Catherine ; mais une seule, Marguerite Saulnier, persévéra dans sa résolution, les autres se retirèrent. Le 20 novembre 1618, veille de la fête de la Présentation de la Sainte-Vierge, nos trois postulantes prirent possession de leur nouvelle maison. Elles apprirent seulement alors que George n'avait pu leur en céder que la jouissance, que le fonds de la propriété appartenait à l'abbaye de Salival, et que les religieux de ce monastère la conservaient comme un refuge où ils se retiraient pendant les guerres, Vic étant alors une ville forte et suffisamment défendue.

Mgr Coëffeteau entra, pour ce sujet, avec Jean de Gombervaux, abbé de Salival, dans des négociations qui traînèrent en longueur jusqu'en 1621. Au mois de mai de cette même année, M. de Sainte-Marie, abbé général des Prémontrés, étant venu à Salival, y reçut la visite d'Alphonse de Ramberviller, qui pressa et obtint la conclusion de cette affaire, moyennant une redevance annuelle de six gros, payable à la Saint-Martin[1].

Durant les trois années qui s'écoulèrent depuis l'installation de ces pieuses filles jusqu'au moment où elles possédèrent définivement le fonds de leur propriété, elles songèrent à choisir la règle d'un ordre reconnu, ce

1. « En reconnaissance de ce bienfait, les religieuses dominicaines célébrèrent chaque année un service anniversaire pour le repos de l'âme de Jean de Gombervaux. » (*L'Abbaye de Salival.*)

qu'elles auraient dû faire tout d'abord avant de se déterminer à former une communauté[1].

Vic possédant un couvent de Cordeliers et un autre de Capucins, tous deux, par conséquent, placés sous le patronage de saint François, elles avaient d'abord résolu de prendre l'habit dans l'ordre séraphique, afin d'être plus rapprochées des révérends pères, qui pourraient les diriger sûrement selon les règles de cet ordre. Elles allèrent, à cet effet, consulter Mgr Coëffeteau, leur protecteur, qui, appartenant lui-même à l'ordre des Frères Prêcheurs, leur conseilla de prendre l'habit de saint Dominique. Son avis prévalut.

Elles furent installées dans leur noviciat, le 28 juillet 1619, par le R. P. Henry Beaulieu, prieur du couvent réformé de Toul. Formées aux pratiques de la vie monastique par deux religieuses venues du couvent de Renting, elles s'y perfectionnèrent, sous la direction de trois autres révérendes mères, envoyées du couvent de Metz, à la demande de Mgr Coëffeteau, à savoir : les mères de Ficquelmont, Dominique Barez et de Savigny de Lémont.

La révérende mère de Ficquelmont dirigea la maison pendant quatre ans, non sans peines ni fatigues, puisque ces pauvres religieuses ne possédant rien, n'avaient pour toute ressource que les aumônes de la charité publique.

Après trois ans d'épreuves, le 24 février 1622, les quatre novices, auxquelles s'était jointe une sœur converse, Magdeleine Lormand, native de Marsal, firent so-

1. Une quatrième postulante s'était, dans cet intervalle, jointe à leur communauté : Anne Dubelland, âgée de trente-six ans.

lennellement les vœux, en présence de Mgr Coëffeteau, des magistrats et des principaux citoyens de la ville[1].

—

Cependant, pour fonder, sur l'emplacement cédé par l'abbaye de Salival, un établissement fixe et de longue durée, il fallait l'agrandir de beaucoup, et ce n'était pas chose facile. Les religieuses avaient bien acheté quelques maisons voisines, mais le tout était insuffisant pour y bien exécuter le plan d'un monastère.

L'hôpital était contigu à la maison George; Mgr Coëffeteau fit des démarches pour en obtenir la concession; toutefois, l'affaire ne s'arrangea que par une nouvelle intervention de M. de Marchéville, moyennant une somme de 2,000 francs, qu'il donna lui-même à la ville pour l'aider à construire un nouvel hôpital.

D'autres fonds étaient nécessaires pour approprier les bâtiments cédés à l'usage d'un monastère. Mgr de Gournay[2], évêque de Toul, donna cent écus à cette intention; M. de Mars-la-Tour, frère de Mme de Ficquelmont, en

1. Une déclaration, présentée à Louis XV sur ces faits, contient les noms des principaux dignitaires de la ville de Vic à cette époque : MM. de Marchéville, bailli de l'évêché de Metz; Alphonse de Ramberviller, lieutenant général au bailliage du même évêché; Jean Aubertin, chancelier du seigneur-évêque; Jean d'Abaucourt, procureur général de l'évêché; Jean Martigny, maire et chef de police de Vic.

2. Le siége épiscopal de Toul était alors occupé par Mgr de Gournay de Marchéville. Cette famille était divisée en quatre branches, connues sous le nom de Gournay de Marchéville, Gournay de Frioville ou d'Étreval, Gournay de Secours et Gournay de Talange. Ces quatre branches portaient pour armes : de gueules à trois tours d'argent maçonnées de sable et mises en bande. (Voir l'*Histoire de Toul,* par le P. Benoît Picard.)

donna cent autres[1]. Ces deux exemples excitèrent la charité des notables et des familles riches de la ville, qui voulurent aussi contribuer à l'accroissement de la nouvelle fondation. C'est par ces largesses qu'en peu de temps le monastère fut régulièrement construit, et une nouvelle chapelle substituée à l'oratoire primitif, désormais trop petit pour les exigences de la communauté. Cette chapelle fut dédiée à Notre-Dame de Bethléem, et on y transféra la confrérie du Saint-Rosaire, établie dans l'église des pères Cordeliers. La statue primitive de la Sainte-Vierge y fut solennellement apportée, et désormais, quelles que furent les transformations que ce sanctuaire ait subi, il fut toujours placé sous le vocable de Notre-Dame de Bethléem, donné à la statue, antique objet du pèlerinage.

Sans doute, ces nouvelles acquisitions ou donations apportèrent au couvent une aisance qu'il ne connaissait pas auparavant; elles lui procurèrent l'avantage de pratiquer plus strictement toutes les règles de l'ordre et de recevoir désormais un plus grand nombre de postulantes. Mais ce surcroît ne devait-il pas augmenter les dépenses de l'établissement ainsi amélioré? Aussi, après avoir constaté que les religieuses n'avaient pour vivre que les ressources de la charité, nous n'avons pu ajouter que d'autres donations ou fondations eussent été faites dans le but d'augmenter leur pitance quotidienne. Toujours donc elles en étaient réduites à l'aumône. Combien de jeunes filles de familles honnêtes se fussent présentées pour entrer dans cette maison, si elles n'en eussent

1. Voir : *Bulletins de la Société d'Archéologie lorraine*, t. IV, p. 251 : *Notice sur la collégiale de Mars-la-Tour*, par M. Paul de Mardigny.

été détournées par leurs familles, qui ne manquaient pas de leur faire remarquer à quelles privations continuelles elles s'exposeraient.

Mais Dieu veillait sur son œuvre. Dans un temps relativement assez restreint se présentèrent plusieurs novices mieux dotées que les précédentes; peu à peu, la communauté put faire face à toutes les dépenses nécessaires pour son entretien, et le monastère se trouva dans un état de prospérité qu'humainement il ne pouvait espérer[1].

—

Les Dominicaines sortaient à peine de leur position précaire, quand un nouveau danger vint les menacer.

1. Les documents que nous possédons nous font connaître qu'il y avait, à cette époque, au monastère, une religieuse, nommée Françoise Hurel, née à Vézelise, et décédée à Vic, au mois de juin 1636. Elle avait une grande réputation de sainteté et de vertu. Aussi lui attribue-t-on les faits suivants :

1° Un jour, au salut du Saint-Sacrement, elle vit, pendant le chant du *Salve Regina*, la Sainte-Vierge, placée sur un trône magnifique au milieu du chœur, tenant l'enfant Jésus dans ses bras, et donnant la bénédiction à toute la communauté.

2° Elle vit, une autre fois, le jour de la Pentecôte, pendant le chant du *Veni Creator*, le Saint-Esprit descendre dans le chœur et répandre des rayons de lumière sur toutes les religieuses.

3° Sur son lit de mort, elle prédit à la révérende mère supérieure qu'elle mourrait peu de temps après l'expiration de sa charge. Elle mourut en effet quatre mois après.

4° N'étant encore âgée que de 18 ans, et vivant chez ses père et mère, elle fut emmenée par une personne qui avait mauvais dessein sur elle. Arrivée hors de Vézelise, et voyant le piége qui lui était tendu, elle se recommanda à Dieu, et se trouva, au même instant, dans la maison paternelle, sans avoir pu connaître comment cela s'était fait.

Nous avons trouvé la mémoire de ces faits ; nous la livrons sous toute réserve, et sans aucun commentaire.

C'était en 1635, lors de l'invasion des Suédois, dont le souvenir est encore si tristement gardé dans un grand nombre de villes et villages lorrains. Ces soldats, presque barbares, avaient été devancés à Vic par la réputation d'une brutalité qui s'exerçait particulièrement sur les monastères; nos religieuses furent surtout effrayées à la nouvelle des dévastations qu'ils avaient commises à Saint-Nicolas-de-Port, où leur fureur s'était portée sur toute la ville, mais plus indignement encore sur les couvents[1], dont les religieuses qui n'avaient pu s'éloigner furent en proie aux dernières indignités.

En prévision d'un semblable danger, les Dominicaines se résolurent à prendre la fuite. Déjà elles allaient mettre leur projet à exécution, quand, réunies en assemblée par le R. P Jacques Farnier, vicaire et confesseur de leur monastère, ce religieux leur rappela que, placées immédiatement, comme elles l'étaient, sous la protection de la Sainte-Vierge, elles ne devaient pas se laisser aller au désespoir, mais avoir confiance en Marie. Cette pieuse exhortation fit changer le projet conçu d'abord, et, confiantes dans la Providence, les religieuses continuèrent à résider dans leur monastère, attendant la suite des événements.

Aussitôt que les Suédois furent entrés dans Vic, elles se retirèrent toutes dans une chambre qui renfermait leurs dernières provisions, y transportèrent la statue de Notre-Dame de Bethléem, devant laquelle elles se mirent

1. La plupart des auteurs lorrains signalent la ville de Saint-Nicolas-de-Port comme une de celles qui eurent le plus à souffrir de l'invasion des Suédois. A ce sujet, on peut consulter efficacement l'*Histoire de la réunion de la Lorraine à la France*, par M. d'Haussonville, et plusieurs autres ouvrages aussi accrédités.

pieusement en prières. Bientôt les farouches dévastateurs se présentèrent à la porte du monastère ; mais, par un miracle providentiel, leur férocité fut tout-à-coup désarmée à l'aspect de ces pauvres femmes résignées et sans défense. Aucune violence ne leur fut faite, leur maison fut respectée, et ces soldats impitoyables leur promirent même protection et défense autant qu'il dépendrait d'eux.

Le couvent ne laissa pas de supporter, dans la suite, les conséquences de l'appauvrissement général survenu dans le pays après la guerre. Durant plusieurs années, les religieuses ne vécurent que de rudes privations. Trente ans se passèrent sans qu'aucune postulante se présentât, et, pendant plus de vingt années, il n'y eut que quatre religieuses pour réciter l'office divin.

Peu à peu cependant, à force d'économies et à l'aide de plusieurs legs pieux, l'aisance rentra dans la maison ; de nouvelles filles demandèrent à y être admises; on dut même songer à un nouvel agrandissement des bâtiments. On fit donc acquisition de plusieurs petites maisons, écuries et jardins contigus, et, l'an 1670, on construisit une aile de bâtiment. L'entreprise fut d'abord assez mal conduite; les plans, mal combinés, n'offraient aucune des conditions nécessaires à un monastère régulier. Elle exigea, dans les années qui suivirent, de fréquentes réparations et de nombreux changements, qui absorbaient la meilleure partie des revenus.

En face d'une telle situation, on se résolut à construire encore, mais cette fois un grand bâtiment, dans lequel on ne négligerait rien quant à la disposition, l'étendue, la solidité, etc. Le projet était beau, mais il fallait des fonds pour le réaliser ; on dut faire plus d'économies que jamais, et se recommander une fois encore à la charité des âmes pieuses. En quelques années, on fut en mesure de mettre les nouveaux plans à exécution[1].

—

En 1715, après avoir rempli les formalités requises et reçu les autorisations exigées, on commença une construction qui, dans l'établissement actuel, forme la partie du couchant. Les fondations furent creusées à une très-grande profondeur, et, le 8 mai, on posa la première pierre. Mgr du Cambout de Coislin, évêque de Metz, délégua, pour présider cette cérémonie, son vicaire général, qui fut assisté par deux chanoines de la collégiale de Saint-Etienne de Vic. La messe fut célébrée à l'endroit même où devait être placé l'autel dans la nouvelle chapelle.

Le terrain ne paraissant pas suffisamment solide, on commença, le même jour, à piloter avec des madriers de 8 à 11 pieds de hauteur.

Le R. P. François Coquart, profès de Paris et confesseur du monastère, se signala dans cette circonstance par son talent de constructeur joint à une très-grande activité. Il y mit une telle ardeur et la communiqua si bien à tous, que, dans l'espace de six mois, l'ouvrage fut terminé[2].

1. Un emprunt de 15,000 livres compléta la somme nécessaire. « En 1705, ce couvent comprenait vingt-cinq religieuses, dont cinq journellement employées à l'instruction gratuite des filles de la ville. Il y avait une confrérie du Sacré-Cœur de Jésus seulement pour les religieuses. » (*Communes de la Meurthe*, par M. H. Lepage, article Vic.)

2. Nous trouvons ainsi mentionnée la description de ce bâtiment : « L'église, le chœur, l'avant-chœur, les deux sacristies, les cours qui

Toutefois l'église ne fut complétement achevée qu'au mois d'août 1721. On y plaça un autel en bois sculpté, dans un sanctuaire dallé en pierres blanches. La nef était ornée de bancs et de stalles sculptées dans un style en rapport avec celui de l'autel.

Le 30 août de la même année, la chapelle fut solennellement bénite par Mgr Godefroy, doyen de la collégiale de Saint-Etienne de Vic. Le Saint-Sacrement fut apporté processionnellement de l'ancienne église dans la nouvelle. Le sermon fut prononcé par le R. P. Antonin Raguet, vicaire et professeur du monastère[1].

Le 21 novembre suivant, on transporta dans ce nou-

» environnent, la porte de clôture et le parloir de nos Révérends Pères ; » de l'autre côté, deux ailes de cloître, deux arcades ; du troisième » côté, une belle grande cuisine, avec la commodité d'un fourneau » potager, la fontaine dans une petite cour qui est au devant des fe- » nêtres de la cuisine, ensuite un grand et beau réfectoire, un bel » ouvroir, et auprès le vestibule où est posé un escalier magnifique » qui conduit aux dortoirs de deux étages, qui sont environnés de » chambres, et les dortoirs au milieu, beaux à merveille, très-éclairés » par de grands vitraux ; dans ces deux étages, il y a trente-quatre » chambres avec les chauffoirs, un en chaque dortoir ; et, au bout du » dortoir en haut, il y a une belle salle où l'on y fait le noviciat ; et, » en celui d'en bas, au-dessous de ce noviciat, il y a une chapelle où » est la dévote image de Notre-Dame de Bethléem, et où s'assemble » la communauté pour réciter son petit office et dire le chapelet, et » où l'on dit les coulpes. L'orgue est au côté droit de cette même » chapelle qui donne dans le chœur, où l'on a la consolation d'entendre » la sainte messe quand on est malade, et en tout temps l'on peut y » adorer Jésus-Christ dans son sacrement d'amour. — Le clocher a » été élevé incontinent après que les grandes murailles ont été faites ; » il est fait en dôme couvert d'écailles et la grande toiture de l'église » est couverte de tuiles plates, et les autres toitures sont en tuiles » creuses. »

1. Le R. P. Joseph Antonin Raguet était profès au couvent des Dominicains de Toul.

veau sanctuaire les ossements des séculiers exhumés de l'ancien; ils furent enterrés au côté droit de la porte d'entrée, près du bénitier. Un service solennel fut célébré à cette occasion pour le repos de leurs âmes.

Pareille cérémonie eut lieu, le 26 du même mois, pour les restes des religieuses défuntes reposant dans le même sanctuaire.

—

Nous laisserions une lacune dans notre travail si nous ne mentionnions ici le nom du R. P. Hilaire Vendelin[1], vicaire et confesseur du monastère à cette époque. L'ensemble des documents que nous possédons nous permet de voir dans ce religieux un homme providentiel destiné à favoriser le développement d'une sainte institution. Il possédait, en effet, deux ressources qui permettent de conduire à bonne fin une œuvre temporelle : le goût de la construction, de l'ornementation et de la distribution d'abord; ensuite les moyens pécuniaires suffisants pour satisfaire aux exigences de son goût, et qu'il sut toujours mettre à la disposition du monastère. Aussi n'avons-nous pas fini de rendre compte des embellissements qui furent faits à son instigation.

—

En 1731, on s'occupa de construire encore un nouveau bâtiment. On acheta une rue de ville et les constructions qui l'avoisinaient; elles se composaient de plusieurs magasins et écuries, dont on fit également des dépendances de la maison : greniers, chambre à four, pigeonnier, etc.

1. D'autres écrivent : Vandelin; cette différence est peu importante.

Il est vraisemblable que, dans ces travaux, on mit la dernière main à l'achèvement de l'église bénite en 1721. On lit encore aujourd'hui, sur les murs de la chapelle actuelle, une inscription commémorative, rédigée par M. l'abbé Weiss, et ainsi conçue :

Le 15 octobre 1732
Sous la R. Mère Agnès de Greische
Religieuse Dominicaine
Prieure de ce Monastère
Cette église a été consacrée
par Mgr Hyacinthe Leblas
évêque de Joppé
Coadjuteur de Metz
Assisté du R. P. Hilaire Vendelin
De l'ordre des Frères Prêcheurs.

Sous l'autel de cette chapelle furent renfermées les reliques de saint Marien[1], confesseur et patron de la paroisse de Vic.

—

Le R. P. Hilaire Vendelin, qui avait conçu tous les plans du monastère définitif, et en avait activement dirigé l'exécution, voulait mettre la dernière main à son œuvre. Avec les ressources personnelles que nous lui avons précédemment reconnues, il voulut tenter la construction d'un nouveau bâtiment, devant former la quatrième aile du couvent : l'aile orientale, prenant jour sur la rue, et

1. Saint Marien est resté le patron de la paroisse de Vic; on ignore par qui et à quelle époque son culte y fut introduit, de même qu'on ignore les principales circonstances de sa vie. D'après les chroniqueurs, c'était un solitaire vivant dans le bourg d'Evau ou Estaon, situé dans le pays de Combraille, entre le Bourbonnais, l'Auvergne, la Marche et le Berry.

compléter ainsi la régularité de l'édifice quadrilatéral. L'an 1757, le 2 avril, à trois heures après midi, il en posa lui-même la première pierre. Les travaux, poursuivis toujours avec la même rapidité, furent en peu de temps terminés, et dès ce moment, le monastère des Dominicaines avait réalisé l'aspect extérieur qu'il présente encore aujourd'hui.

—

Depuis lors, jusqu'aux désastres de la Révolution, la prospérité y fut toujours croissante ; rien ne parait l'avoir troublée, si ce n'est une menace faite, en 1768, par des malfaiteurs, mais dont la Providence ne permit pas l'exécution. Les religieuses avaient reçu plusieurs billets anonymes par lesquels on leur signifiait d'avoir à déposer, dans un endroit désigné, une somme de quatre-vingts louis ; que, sinon, leur demeure serait livrée aux flammes. Pensant que ce n'était là qu'un essai pour leur extorquer de l'argent, elles n'obéirent pas à l'injonction. Mais, dans la nuit du 25 au 26 février, on jeta dans leurs greniers un fagot avec une mèche allumée à chaque bout. Heureusement il n'en résulta aucun accident, ce qu'on regarda comme un signe évident de la protection de Dieu.

Quand arriva la Révolution, les Dominicaines, forcément obligées de fuir, eurent soin de cacher leur vierge, que l'on possède encore aujourd'hui. Les temps mauvais passés, elles revinrent au nombre de trois ; mais, à l'aspect d'un monastère dévasté par les révolutionnaires, elles durent se réfugier dans la petite maison voisine, où avaient précédemment résidé les révérends pères vicaires et confesseurs. Ces trois religieuses étaient mère Rose Bourdon, prieure, mère Thérèse et mère Catherine, autrefois chargées de l'enseignement. Elles ramenaient avec elles deux converses : sœur Françoise et sœur Magdeleine. Quatre d'entre elles vécurent encore jusqu'en 1826. La mère Rose, seule, survécut jusqu'au 30 août 1842 ; elle mourut âgée de 94 ans, et fut inhumée dans la chapelle, en vertu d'une ordonnance royale du 27 décembre suivant[1]. Aujourd'hui on conserve encore à Vic le souvenir de ses vertus et de sa sainteté.

Nous signalerons comme souvenirs du couvent des Dominicaines « un bel ornement et un devant d'autel » brodés par une religieuse qui a passé toute sa vie de » cloître à la confection de ce bel ouvrage, que la mort » ne lui a pas laissé achever[2] ». Ces deux objets appartiennent à l'église paroissiale de Vic.

En 1827, M. l'abbé Weiss installa le collége dans le monastère, restauré à grands frais. La chapelle, remise à neuf, fut de nouveau bénite par Mgr Menjaud, alors évêque de Joppé et coadjuteur de Nancy, assisté du R. P. Lacordaire.

Une pieuse tradition rapporte que les dernières religieuses avaient beaucoup prié pour que leur maison devînt une maison d'éducation. Leurs prières furent exaucées, car il y eut là, pendant de longues années, une pépinière d'où sortirent des hommes distingués et honorables dans toutes les positions sociales. Depuis 1868, ce collége a été transformé en école supérieure, réunie à l'école communale.

1. Déjà deux fois la sépulture a été restaurée : en 1853, par les soins de M. l'abbé Weiss ; en 1864, par ceux de l'autorité communale.

2. *Journal de la Société d'Archéologie lorraine*, novembre 1855. — M. Henri Lepage, Note sur la chape dite de Charlemagne, conservée à la cathédrale de Metz.

ANCIEN COUVENT
DES DOMINICAINES,
à Vic-sur-Seille.
Façade du Levant.
Lith L. Christophe Nancy

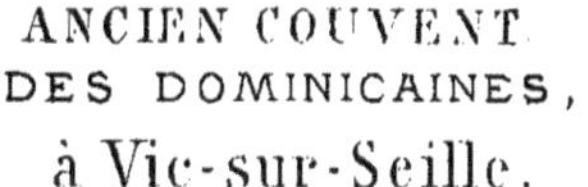

Façade du couchant.

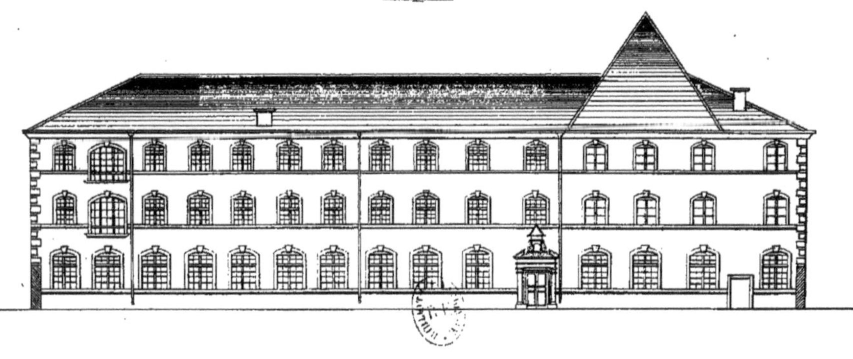

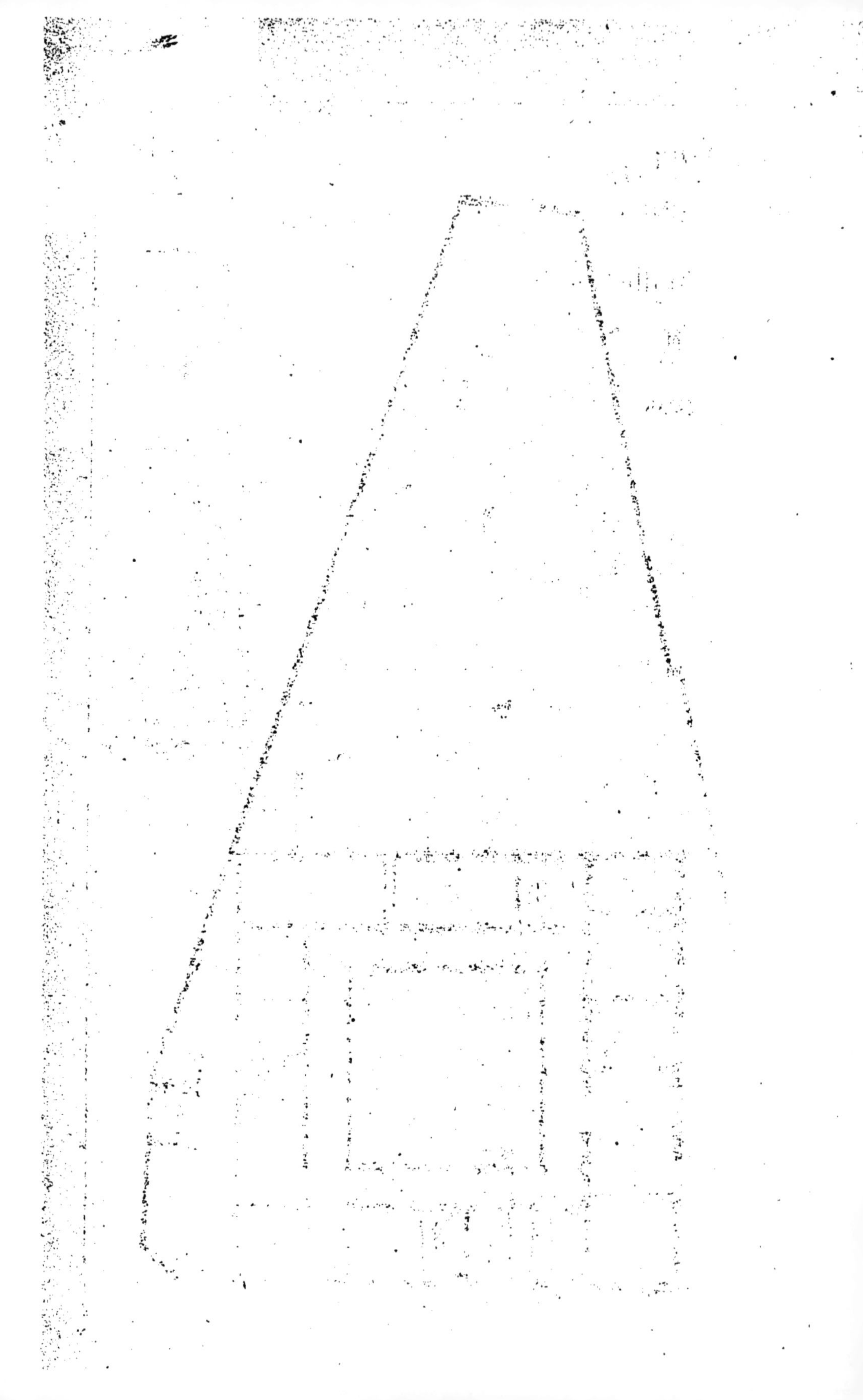

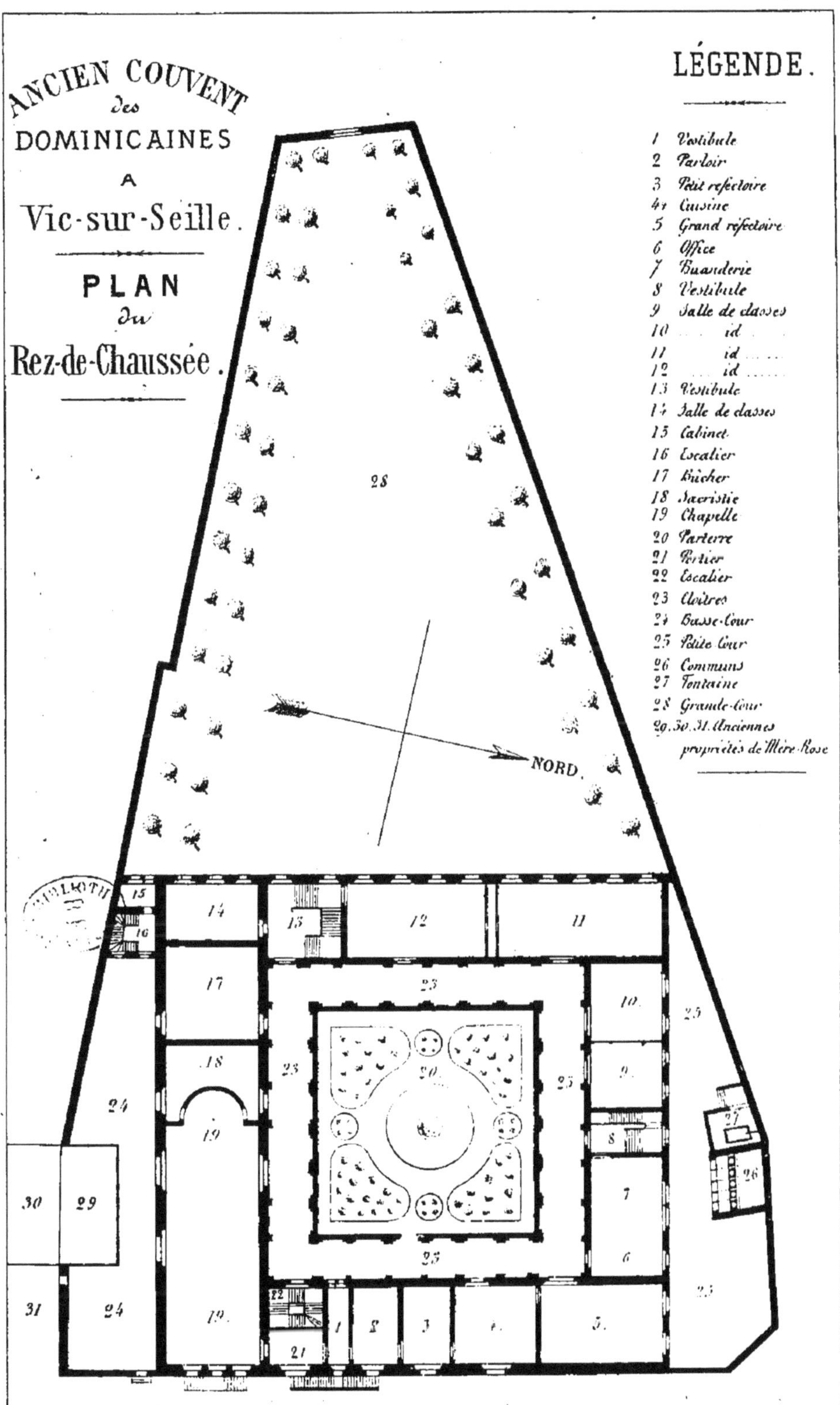
ANCIEN COUVENT
des
DOMINICAINES
A
Vic-sur-Seille.
PLAN
du
Rez-de-Chaussée.
LÉGENDE.
1 Vestibule
2 Parloir
3 Petit réfectoire
4 Cuisine
5 Grand réfectoire
6 Office
7 Buanderie
8 Vestibule
9 Salle de classes
10 id
11 id
12 id
13 Vestibule
14 Salle de classes
15 Cabinet
16 Escalier
17 Bûcher
18 Sacristie
19 Chapelle
20 Parterre
21 Portier
22 Escalier
23 Cloîtres
24 Basse-Cour
25 Petite Cour
26 Communs
27 Fontaine
28 Grande-Cour
29.30.31. Anciennes propriétés de Mère Rose
NORD

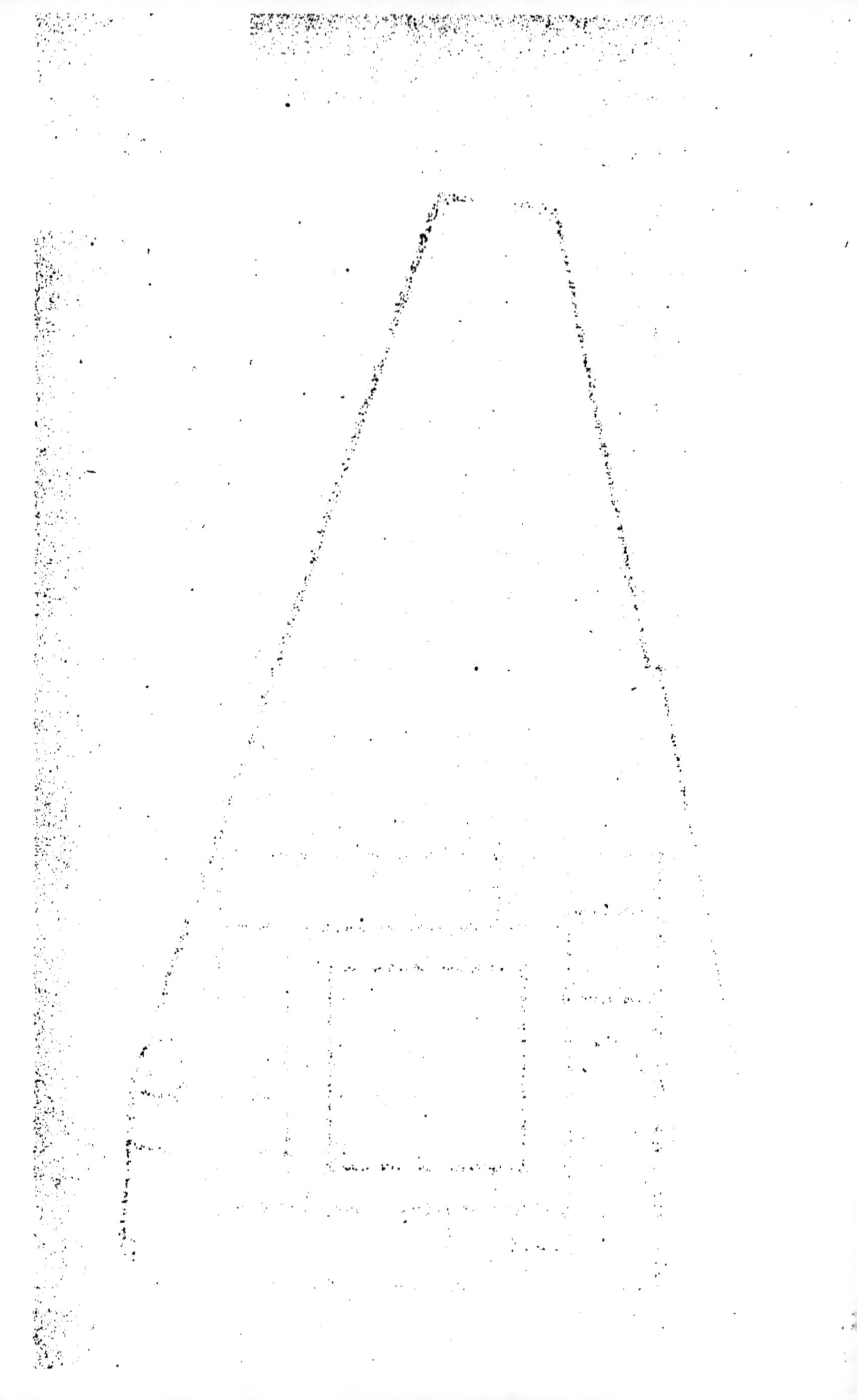

APPENDICE

Nous avons résumé le plus succinctement possible les documents suivants, qui nous ont paru nécessaires pour compléter cette notice, et qu'il nous a semblé inopportun d'introduire dans le texte.

Noms des révérendes mères prieures, avec les date de leurs prises de possession.

1. Dominique Barez, professe de Metz. — 20 Avril 1625.

2. Marguerite de Ficquelmont, professe de Metz. — 30 Septembre 1625.

3. Magdeleine Rey, professe de Dijon. — 1631. Morte en odeur de saintcté, le 17 janvier 1636.

4. Marguerite Saulmier, de Saint-Dominique, professe de cette maison. — 18 Décembre 1637.

5. Françoise Bailly, professe de Metz. — 1647.

6. Marie Herpul, professe de Metz.

7. Marie de Saint-Bernard, professe de Metz.

8. Anne-le-Poids de Saint-Thomas, professe de Metz, où sa mère avait pris l'habit de l'ordre après la mort de son mari. Elle emmena avec elle sa fille, qui prit l'habit à l'âge de 9 ans, le 15 octobre 1607, fit profession le 23 novembre 1614, et arriva à Vic, le 9 août 1649, pour prendre possesion.

9. Catherine Simonin, professe de ce monastère. — 7 Octobre 1652.

10. Agnès de Greische, professe de ce monastère. — 3 Novembre 1655.

11. Marie Bertrand, professe de ce monastère. — 2 Octobre 1658.

12. Catherine Simonin (pour la seconde fois). — 16 Janvier 1662.

13. Marie Bertrand (pour la seconde fois). — 9 Février 1665.

14. Marie Bertrand (pour la troisième fois). — 31 Octobre 1668.

15. Catherine Simonin (pour la troisième fois). — 17 Octobre 1670.

16. Marguerite Copée, professe de Metz. — 15 Novembre 1674 ; décédée le 18 août 1676, à l'âge de 34 ans.

17. Catherine Simonin (pour la quatrième fois). — 13 Septembre 1676.

18. Françoise Bailly, professe de ce monastère. — 11 Octobre 1679.

19. Catherine Simonin (pour la cinquième fois). — 4 Novembre 1682.

20. Catherine Leduc, professe de ce monastère. — 18 Octobre 1685.

21. Rose Derand, professe de ce monastère. — 6 Novembre 1688.

22. Anne-Marie Huin, professe de ce monastère. — 12 Novembre 1691.

23. Rose Derand (pour la seconde fois). — 2 Janvier 1695.

24. Marie-Magdeleine Aourin, professe de ce monastère. — 12 Janvier 1698.

25. Elisabeth Bouchot, professe de ce monastère. — 4 Janvier 1701.

26. Catherine Votelet, professe de ce monastère. — 21 Février 1704.

27. Rose Derand (pour la troisième fois). — 8 Mars 1707.

28. Anne-Marie Huin (pour la seconde fois). — 25 Mars 1710.

29. Elisabeth Bouchot (pour la seconde fois). — Avril 1713.

30. Agnès de Greische, professe de ce monastère. — 14 Novembre 1714.

31. Marie-Magdeleine de Noisement, professe de ce monastère. — 8 Décembre 1717.

32. Françoise Bastien, professe de ce monastère. — 27 Décembre 1720.

33. Hyacinthe Chenois, professe de ce monastère. — 6 Janvier 1724.

34. Marie-Magdeleine de Noisement (pour la seconde fois). — 22 Janvier 1727. — Sous son prieuré, le feu prit à la vieille cuisine, la nuit du 4 au 5 novembre 1728. La mortalité arriva environ trois mois après ; du 3 au 12 mars suivant, il mourut douze religieuses.

35. Magdeleine de Noisement (pour la troisième fois). — 18 Février 1730.

36. Colombe Evrard, professe de ce monastère. — 8 Mars 1733.

37. Agnès de Greische (pour la seconde fois). — 26 Mars 1736.

38. Marie-Magdeleine de Noisement (pour la quatrième fois). — 1739.

39. Catherine Sijeant, professe de ce monastère. — 1742.

40. Christine Chevalier, professe de ce monastère, élue deux fois de suite : en 1745 et en 1748.

41. Louise Guyon, professe de ce monastère.—1751.

42. Rose Châtillon, professe de ce monastère, élue deux fois de suite : en 1754 et en 1757.

43. Colombe Duménil, professe de ce monastère. — 30 Novembre 1760.

44. Marie-Louise Guyon, élue deux fois de suite : le 16 décembre 1763 et le 5 janvier 1767.

45. Thérèse Emmery, professe de ce monastère. — 5 Janvier 1770.

46. Marie-Christine Collet. — Janvier 1773.

47. Marie-Colombe Duménil (pour la seconde fois). — 5 Mars 1776.

48. Angélique d'Estrées, professe de ce monastère. — 21 Mars 1779 ; morte dans son prieuré, le 10 août 1781.

49. Christine Collet (pour la seconde fois). — 26 Août 1781.

50. Marie-Cécile-Thérèse de Saint-Hyacinthe André, professe de ce monastère.

—

Indication succincte des noms des fondateurs ayant établi des services religieux au monastère de Notre-Dame de Bethléem.

M. Ginet, médecin, mort le 13 octobre 1631.

Mgr Antoine de Lenoncourt, primat de Lorraine.

M. Drouart, lieutenant général au bailliage de Vic.

M. Gérouville, échevin à Vic.

Marguerite Barbesan, morte le 16 décembre 1755.

Mlle Mougeon-Batelier, de Vézelise.

Jean de Gombervaux, abbé de Salival, décédé le 18 juillet 1666.

Catherine Vernesson, décédée le 3 février 1665.

Vautrin Perige.

Mme des Enfants.

Catherine Fréquel, décédée le 1er février 1687.

Elisabeth Marie, tourière du monastère, décédée le 30 mars 1687.

Mme de Barthélemy, décédée le 24 octobre 1746.

M. Godefroy, ancien doyen de la collégiale de Saint-Etienne de Vic.

Nancy, imprimerie de G. CRÉPIN-LEBLOND, Grande-Rue, 14.

www.ingramcontent.com/pod-product-compliance
Ingram Content Group UK Ltd.
Pitfield, Milton Keynes, MK11 3LW, UK
UKHW020530230726
13925UKWH00005B/2265

9 782019 215828